꽃은 어디에 피는가

꽃은 어디에 피는가

남재만 시선집

북랜드

책머리에

다섯 번째 시집을 묶는다. 지금까지는 Satire와 Irony 그리고 Paradox를 즐겨 사용해 왔지만, 이번에는 스타일을 약간 바꿔 보았다. 그래서 서정적이기도 하고 인생론적인가 하면 존재론적이기도 하고, 문명비평적이기도 하다가 때로는 Aphorism적이기도 하다.

현대시가 독자들로부터 점점 소외되고 있는 것은, 내 생각으로는 시가 너무 어렵기 때문이어서가 아닌가 한다. 그래서 난 평범한 언어로 극히 평이하게 쓴다.

Rhetoric마저 가급적 구사하지 않았다. 그러므로 내 시에는 Metaphor나 Metonymy는 물론, 생경한 시어들을 어거지로 결합시킨 그런 모자이크도 없다. 때문에 내 시는 읽기가 쉽다. 아니 쉽게 읽혀진다. 이렇듯 쉽게 읽혀지는 시에도 얼마든지 감동의 공감대를 실을 수가 있다는 게 나의 지론이다. 그럼에도 불구하고 내 시가 어렵다는 독자가 있다면 그건 내 책임이 아니다.

4부로 나눈 것은 별다른 의미가 없다. 그냥 심심해서…….

2008년 7월

南 在 萬 씀

차례

2 열쇠

3 빼꾸기시계

4 산은 산이요

1
꽃은 어디에 피는가

꽃

난
속이 뒤집힐 때면
정말이지 미치겠던데,
넌
속이 뒤집히니
꽃이 되는구나.

아, 언제쯤이면 나도
미치고 환장할 것 같은 때,
너처럼
꽃이 되어 그렇게
환하게 웃을 수 있을까.

꽃은 어디에 피는가

얼핏 보면
지천으로 피는 것 같다만
과연 어디에 꽃은 피는가.

저 하늘의 별들이
눈길을 주는 곳에
꽃은 피고

지난겨울 매섭게
서릿발 치던 곳에
꽃은 핀다.

어느 외로운 이 홀로 찾아와
남 몰래 눈물 떨구고 간 자리에
꽃은 피고,

꽃이 피면 어둠도 환해지는
그런 곳에 수줍게 수줍게
꽃은 핀다.

풍경소리

댕그랑 뎅…
대지가 간간이
한숨을 내쉴 때
들려오는 소리.

댕그랑…
댕그랑…
우릴 타이르시는
그분의 나직한 목소리.

깨꽃

깨끗하기로야
깨꽃만 한 게 또 있으랴.

여름날
새하얗게 핀
깨꽃

새벽 이슬에 씻겨
눈이 시리도록 희디흰
깨꽃.

그래서 네가 열었나 보다
아무도 못 여는 문
두드려도 열리지 않는 저 문
그걸 너만이 열 수 있었나 보다.
열려라 참깨.

淸心蘭

딴 마음 없기에
淸心이라 했다.

네 순수의 가슴
그 한복판에서
오롯이 피워 올린
혼불

어찌 코로 맡으랴
서럽도록 그윽한
너의 향기.

그래서 나 이렇게
눈으로 맡는다.

코스모스

외롭지 않느냐고
갈바람이 지나가는 말로 물으면
코스모스는
고개를 살래살래 흔든다.

쓸쓸하지 않느냐고
하늬바람이 또 귀엣말로 물으면
코스모스는 절레절레 고개를 내젓는다.

하지만 코스모스야
외롬과 쓸쓸함 그거
도리질로 털어낼 수 있다면야
얼마나 좋겠니?

西洋蘭

크다.
잎도 크고
꽃도 크고
키도 크고
우라지게도 크다.
동양란보다

하지만
없다
향기가

바다

어디서 왔으면 어떠랴
요단강에서 왔으면 어떻고
갠지스강에서 왔으면 어떠랴
티그리스 유프라테스강에서 왔으면 또 어떻고
황하강에서 왔으면 어떠랴.
모두모두 한데 어우러져
하나 되어
넘실넘실 덩실덩실
춤을 추는 여기
이곳은
바다.

바다여

내사
가슴 설렐 일
바이 없는데,
삼백예순 날을
그지없이 설레고만 있는
바다여.
너 무슨 일 있지?
그렇지?
못 속여 절대로
난 못 속여.
그러니 내게만 살짝
귀띔 좀 해주렴
내 아무에게도 말하지 않을게.

그리움

그리움이란
동동주 같은 것.

세월의 아랫목에 곰삭아서
부걱부걱 괴어오르면
거기 술구더기로 동동 뜨는
동동주 같은 것.

그래서 그리우면 그리울수록
알근해지는
동동주 같은 것.

그러다 끝내
눈물 글썽해지는
동동주 같은 것.

裸木

지난여름
그 오만과 허영의 잎새들
이제 훌훌 털어 버리고
발가벗은 채
손들고
두 손 다 들고
하늘 우러러
서 있는 나목아
그래 그래 기다려라
조금만 기다려라
이제 곧 하늘이
널 감싸 주시리니
너의 언 몸
하이얀 솜옷으로
포근히 감싸 안으시리니

목련

디오게네스여
여태 찾질 못했는가
사람 같은 사람 하나
아직도 못 찾았는가.

이 봄 목련으로 환생하여
저리도 많은 등불
환하게 밝혀들고
대낮에 밝혀들고 서 있는
디오게네스여.

2

열쇠

나무와 바람

나무와 바람은 서로가 불만이다.
모처럼 혼자서 골똘히
생각에 잠겨보려 해도
바람이 심청궂게 흔들어댄다며
나무는 불만이고,
방랑이 천성이라서
끝없이 유랑하고픈데
나무가 길을 막아 성가시다며
바람은 바람대로 또 불평이다.
하지만 그들은 모른다
밤낮으로 흔들어 대는 바람 탓에
나무는 깊이 구천에 뿌릴 내리고,
앞을 막아서는 나무로 하여
바람은 비로소 자기 실존의 소릴
낼 수 있다는 그 사실을.

돈

손님이 와서
세 살 된 손주 녀석에게
천 원짜리 한 장을 주니
녀석은 흥미가 없는지
금방 내던져버린다.

돈이 돈인 줄 알고부터
인간의 불행은 시작되는 것.

돈이 인간을
측간에 앉아 개 부르듯 할 때
거기 지옥의 문은 열리는 법

세 살배기 내 손주 녀석은, 그래서
이 세상 그 누구보다
행복하다.

연탄

붙어버린 연탄을 떼려고
연탄집게로 무지막지하게 쑤시고
개 패듯 두들기는 저 아줌마
너무 그러지 마소
뜨거우면 붙는 이치사
사람이나 연탄이나 뭐가 다른교.
뜨거워 뜨거워서 붙었다가도
툭하면 떨어지는
요즘 젊은것들
연탄보다도 못하잖는교
그러니 아줌마
너무 그러지 마소
죽어도 못 떨어지는
죽어서도 차마 못 떨어지는
저 연탄을.

걸레

언제나
구석지고 후미진 곳에
문둥이처럼 그렇게
팽개쳐져 있지만,
걸레는 결코
서럽지 않다.

수건으로 닦지 못하고
행주로도 못 닦고,
오직 걸레만이 닦을 수 있는
그런 곳이
아직도 남아 있는 한.

그래서 이 세상은

행복과 불행은
서로가 서로의 그림자.

어느 날 이들이
결혼을 해서
두 아이를 낳으니
하나는 기쁨이요
또 하나는 슬픔이더라.

기쁨만 있다는 천국보다
슬픔만 있다는 지옥보다
그래서 이 세상은 한 번쯤
살아 볼만 한 곳.

쇠똥구리

쇠똥에 굴러도
이승이 좋은
넌
쇠똥구리.

말똥에 굴러도
이승이 좋은
너무너무 좋은
난
말똥구리.

소크라테스와의 문답

네 살 난 손주 녀석이
인형을 갖고 놀다 내게 묻는다.
"할아버지 이 인형은 왜 안 울지?"
"그야 인형이 착하니까 그렇지."
"말은 왜 안 하는데?"
"뭐 할 말이 없는가 보지."
"오줌은 왜 안 싸는데?"
"그건 인형이 안 먹어서 그렇지."
"왜 안 먹는데?"
"아마 먹기가 싫은 모양이지."
"왜 먹기 싫은데?"
"입맛이 없겠지 뭐."
"왜 입맛이 없는데?"
"……."
해맑은 눈망울로 쳐다보는
꼬마 소크라테스에게
난 두 손 다 들고 말았다.

허수아비

두 손
그 열 손가락 안에
거머쥔들
얼마나 거머쥐겠는가.

허수아비는
그래서
손을 비웠다.
아니
손을 버렸다.
아니 아니 숫제
손이 없다.

몇 사람이나 알까
허수아비의 저 통쾌한
절대자유, 그리고
텅 빈 저 충만을.

한 알의 과일이 익기까지

가을날
탐스레 익은 과일이
나뭇가지에
실존으로 매달려 있다.

저 한 알의 과일이 영글기 위해
햇살의 담금질
비의 눈물, 그리고
흙의 피땀이 있어야만 했다.

하지만 진짜 진짜
죽을 고생을 한 것은
저 과일을 떨어뜨리기 위해
밤낮으로 쉼 없이
나무를 흔들어대던, 저
바람이다.

호주머니

금년엔 윤달이 있어
수의를 장만해야겠다고
아내에게 말했더니 아직은 아니라며 펄쩍 뛴다.

가마우지가
물고길 잔뜩 삼키고 와서는
새끼들에게 토해내어 먹이듯
나도 부지런히 호주머니에
돈을 삼키고 와서는
새끼들에게 토해내어 먹였는데,
이제 새끼들 뿔뿔이 흩어지고 나니
나와 아내 둘만
빈 둥지에 동그마니 남았다.
이젠 더 이상 호주머니가 필요 없어
호주머니 없는 수의를 장만하고픈데,
아내는 한사코
아직은 아니란다.

할아버지 되기

손주를 보고 나서도
내가 할아버지가 되는 데는
꼬박 삼 년이 걸렸다
일 년이 지나니
"하지"
일 년 반이 지나니
"하버지"
이 년이 지나니
"하야버지"
삼 년이 돼서야 비로소 난
'할아버지'가 되었다.
'하지'라는 알에서
'하버지'라는 애벌레가 되고
다시 '하야버지'라는 번데길 거쳐
비로소 '할아버지'라는 성충이 되는 걸 보면
난 본디
곤충이었는지 몰라

열쇠

횡단보도에
열쇠 하나 떨어져 있다.
수많은 사람들
길을 건너지만
열쇠에 눈길 주는 사람
아무도 없다.
이 사람 저 사람
발길에 밟히고만 있는
열쇠.
너무 오랫동안
쓸 일이 없어
베드로가 깜박 졸다 떨어뜨린
저 열쇠,
줍는 사람
아무도 없다.

죽살이

살아간다는 것이
죽어간다는 말이요,
죽어간다는 것은
살아간다는 뜻이라면
생사일여란 말 그거
참으로 옳다 싶다.

삶을 사랑하려면 먼저
죽음을 사랑해야 하기에,
우린 결국
삶을 죽고
죽음을 사는 것이다.

아, 그래서
삶이 잔치라면
죽음은 거기 초대된
손님인 것을.

인두염

목 안이 껄껄하고 따끔거려
이비인후과엘 갔더니
인두염이란다.
주의사항을 일러주는데
가급적 말을 하지 말란다.
그 말을 듣고 나니, 난
괜스레 기분이 좋다.
잘 하면 나도
청산처럼
말없이 살 수 있을 것 같다.
이렇게 기분이 좋다.
하지만 청산한테
물어본 건 아니다.

바위

난 알지
마법에 걸려
억만 년을 바위 속에 갇힌
그대가 누군지
난 다 알지.

하지만 어쩌랴
아직은 없는 걸
그대 위해 목숨 걸 사람.

에밀레종 속에 들어가, 비로소
하늘의 소릴 불러낸 아이처럼,
바위 속으로 들어가 기어이
그대를 마법에서 풀어낼 사람
아직은 없는 걸.

언제쯤 볼 수 있을까
저 바윌 알처럼 깨뜨리고
찬란한 빛에 싸여
당당히 걸어나오는 그대 모습을.

장마

그 해 유월 하순
넌 그렇게 갔었지
울음도 삼킨 채
차마 눈 못 감고
그렇게 갔었지.

그래서
해마다 유월이면
너 이렇게 찾아오는구나
와서
한 달장간을 밤낮으로
이리도 서럽게 우는구나

그래 그래 울어라
목놓아 울어라
울어서 풀린다면
울어서 눈 감을 수 있다면
울어라
실컷 울어라

가슴을 치며
땅을 치며.

기울어진 나무

아름드리나무가
반쯤 기울어져 있다.
저건 분명
출발자세다.
한 오백년
그리던 임 찾아
이제 막 달려갈
준비자세다
검질긴 업보의 뿌릴 박차고
내달을 자세다.
못 가면 어떠랴
넋은 이미 가 있는데,
까짓 몸뚱이사
그 자리에 넘어진들
엎어진들 대수랴.

세월의 농사

내 얼굴에
꽃이 핀다.
이승엔 없는 꽃
저승꽃

내 손에
버섯이 자란다.
못 먹는 버섯
검버섯

세월이 내 몸에다
짓는 농사.
꽃농사
버섯농사
헛농사

산에 갈 때마다

산에 갈 때마다
산이 내게 눈짓한다
조용하라고.

산에 갈 때마다
산이 날 타이른다
우쭐대지 말라고.

산에 갈 때마다
산이 내게 손짓한다
앉으라고.

산에 갈 때마다
산이 날 보고 웃는다
같잖다고.

타임머신

내게 한 가지 소원이 있다면, 그건
타임머신 하날 갖는 일이다.
그걸 타고서
내 유년의 그리로 가보고 싶다.
가서
맨발로 뛰놀던 정겨운 이름들
죽은 거시기도 살아 있을 거기서
거식아 머식아 불알친구 부르며
함께 뛰놀고 싶다.
그리곤 다시
타임머신 거꾸로 돌려
한 오백 년쯤 미래로
훌쩍 달려가 보고 싶다.
가서
아무도 없는 텅 빈 지구에서
사람아 사람아
애타게 불러보고 싶다.

물수제비

아내의 회갑 날
식구들 함께 모처럼
바닷가를 찾았다.

물이 하도 맑고 잔잔해
난 조약돌을 주워 오랜만에
물수제빌 떠 봤다.
하나 기껏 두세 번 담방거리고는
이내 갈앉아 버리는 조약돌.

내 어쭙잖은 솜씰 보다 말고
아내는 웃으며
이제 그만 가자고 했지만
난 막무가내 던지고 또 던졌다.
물수제비 아홉 개가 용케도
물찬 제비처럼
바다 위를 미끄러질 때까지.

아내는 알까 몰라
많이도 말고
아흔 살까지만 건강히 살라는
내 아홉 개 물수제비의 속내를.

아까시나무

두류산엘 가보면
키다리 아까시나무에 가려
말라죽는 소나무가 수두룩하다.

그래 괘씸한 아까시나무들을
닥치는 대로, 난
짓밟고 부러뜨렸다.
불쌍한 소나무를 위하여.

그러다 오월 중순
아까시나무들이 일제히
하이얀 꽃을 구름같이 피웠을 때
그 향기에 취해버린 난
아까시나무 보기가
왜 그리 머쓱하던지.

간사한 자여
그대 이름은…….

떠밀리는 나

그 때
내 아들딸이 한창 자랄 땐
잘 몰랐었는데,
요즘
손주들이 자라는 걸 보노라면
녀석들이 자꾸만 날
떠다미는 것 같다.
하루가 다르게
쑥쑥 자라는 그 속도만큼
난 녀석들에게
속절없이 떠밀리고 있다.
야 이 녀석들아, 제발
날 좀 떠다밀지 마라
가뜩이나 세월에 떠밀려
겉늙고 있는 이 할아비가
불쌍하지도 않니?

3

뻐꾸기시계

목 운동

목 운동을 한다
전후로
좌우로

그런데
참 희한하다
좌우로 할 때보다
전후로 할 때가 훨씬 기분이 좋다.

좌우로
도리질할 때보다
전후로 끄덕일 때가
훨씬 흐뭇하다.

나무야

나무야 너
구름에 닿고 싶지?
아니 아니
하늘에 닿고 싶지?
하지만 네 머리가
하늘에 닿으려면, 먼저
네 발이
지옥에 닿아야 하는데
유황불 이글거리는
지옥에 닿아야만 하는데,
어쩌지
어떡하지 나무야
키만 큰 나무야.

단지 그것뿐

나를 아는 주위 사람들은
날더러 흔히들
정직하다든가
양심적이라고들 한다.

정직하다는 말은
고지식하다는 말이고
양심적이라는 말은
어수룩하다는 뜻임을
내 모르는 바 아니지만
그게 뭐 그리 중요한 건 아니다.

내가 만약 정직하다면
부정직할 용기가 없기 때문이고,
내가 만약에 양심적이라면
비양심적일 배짱이 없기 때문이다.
단지 그것뿐이다.

거지

내 진료실엔 심심찮게
거지가 찾아와서
손을 내민다.
거짓말 좀 보태서
어떤 날은 환자보다
거지가 더 많을 때도 있다.
하지만 내가 군말 없이
그들에게 쇠푼씩 쥐어주는 것은,
그들이 아직은
내 것을 강탈하지 않는 데 대한
고마움의 표시다.

잎새들은

수많은 잎새들이
나무에 매달려 있지만
모두가 같은 나무에 달려 있다는
그 사실은 모르고 있다.

그래서 바람이 불면
제각기 딴 소릴 내지만
결국은 같은 소리임도 모르고 있다.
그 사실을 알려주려고
나무는 이리저리 가질 흔들지만
잎새들은 끝내 눈칠 못 채고 있다.

그러나 무서리 내리고
낙엽이 되어 뿌리에 뒹굴 때
그때야 비로소 그걸 깨닫지만
너무 늦었다는 사실을 알고는
모두가 얼굴이 흙빛이다.

촛불

내 맘에
촛불 하나 켤 수 있다면
얼마나 좋을까.

어둠이
기겁을 하고 달아나는
꼬락서니를
통쾌하게 바라볼 수 있을 텐데

촛불 바깥에 쫓겨나서
이를 갈며 울부짖는
저 어둠의 섬뜩한 광기도
잔잔한 미소로 바라볼 수 있을 텐데.

하지만
촛불 하나 켠다는 것
그까짓 게 글쎄
왜 이리 버거운지 몰라.

노고지리

이토록 화사한 봄을
이렇듯 화창한 봄을
누가 데불고 왔을까.

토라져
한사코 오지 않으려는 봄을
누가 달래어
기어이 예까지 데려 왔을까.

보라
저기 저어기
온 들판이 푸르게 일어서서
하늘 높이
헹가래치고 있는
저 노고지리를.

제재소에서

제재소엘 가보면
향내가 난다.
전기톱이 나무를 켤 때
그 나무의 주검에서
향내가 난다.

아, 나무들은 저렇듯
죽어서도 향내가 나고
이 나는
살아서도 악취가 나고.

甁

병은
그 속에 들어있는 것에 따라
이름이 지어진다
물이 들어 있으면 물병
술이 들어 있으면 술병
약이 들어 있으면 약병이 된다
그래서 병은
그 속에 아무것도 없을 때
비로소 자신만의 이름을 갖는다
병이라는

썩지 않는 낙엽

요즘은
낙엽이 썩질 않는다.
산성비 때문이란다.

죽어서도 썩지 못하고
저렇게 미이라가 되어
죽음을 서걱이고 있는 주검들

나도 언젠간
한 잎 낙엽으로
저 대지에 눕겠지만
푹 썩을 수가 있기에
무척이나 난 행복하다.

썩을
놈.

하느님의 공놀이

하느님은
공놀일 무척 좋아하시나 보다
저토록 많은 공들을
하늘에다 굴리며 노는 공놀이
싫증도 안 나시는 모양이다
그 수많은 공 가운데
파란 공 하날
하느님은 유난히도 아끼시는데,
아뿔싸 언제부턴가 그게 그만
거무스름하게 변해버렸다.
하느님은 짐짓 모르신 체
아직은 공놀일 즐기고 계신다만,
글쎄 언젠간 그걸
쓰레기통에다 버리시지나 않을지
내사 그게 걱정이다.

닮았다

요즘 아이들은
물건을 잃어버리고도
찾질 않는다.

학교 분실물 보관소엔
학용품은 물론, 심지어
손목시계까지도 보관하고 있건만
아무도 찾아가질 않는다.

부전자전인가
모전여전인가
신통하게도 닮았다.
잃어버린 양심을
도무지 찾을 생각을 않는
어른들을.

同名異人

전화번호부를 들여다보면
동명이인이 무척 많다.

하지만 내 이름은 나밖에 없어
천만 다행이다.

언젠가 염라대왕의 실수로
나 대신 엉뚱한 사람이
지옥에 갈 염려가 없기에.

뻐꾸기시계

오목눈이의 둥지에다 뻐꾸기가
몰래 알을 낳고 가 버리면
오목눈이는 그것도 모르고 정성껏
알을 품어 부화시킨다. 그러나
부화된 뻐꾸기 새낀 오목눈이 새끼들을
모두 땅에 떨궈 죽여 버리는데,
가련한 오목눈이는 끝까지
뻐꾸기 새끼가 제 새낀 줄만 알고
부지런히 먹일 물어다 키우고 있다.

어느 날 이게 TV에 방영되고부터
뻐꾸기시계가 팔리질 않고
심지어 우리 아파트 쓰레기장에도
멀쩡한 뻐꾸기시계가 버려져 있다.

사람들아, 그런다고 우리가
뻐꾸기가 아닌 것은 아니잖는가.

뒷모습

그대 혹시 미운 사람 있는가.
그 사람의 뒷모습을 바라보라.
그대가 미워한 건 앞모습일 뿐
결코 뒷모습은 아님을 알게 되리.

사람은 누구나
그 뒷모습은 쓸쓸한 법
돌아서 가고 있는 그 사람을
미워하기엔
너무나 쓸쓸해 보이는 그 뒷모습

어차피 우리 모두 언젠간
휘이휘이 떠나야만 하기에
서로의 뒷모습을 그윽이 바라보노라면
거기 미워할 것도 성 낼 것도 없는
다 같은 나그네임을 알게 되리
하나같이 뒷모습이 쓸쓸한.

기도

하느님
내가 기쁠 땐
웃을 수 있을 만큼만
기쁘게 하시고,
슬플 때도
울 수 있을 만큼만
슬프게 하소서.

내가 남에게 성을 낼 때
성내는 나를 미워하게 하시고,
내가 남을 미워할 땐
미워하는 나 자신에게
성나게 하소서.

하느님
차라리 실패할지라도
실수하지 않게 하시고,
비록 깨끗하진 못할지라도
결코 더럽진 않게 하소서.
그리고 하루에 한 번은 꼭
저 하늘 우러르게 하소서.

왜 사느냐고 물으면

누가 날더러
왜 사느냐고 물으면
난 그 대답을
내일로 미루리.

내일 그 사람이
다시 물으면
난 또 내일로 미루리.

그렇게 미루고 미루다 내 언젠가
이승과의 인연 다하는 날
그 사람이 또 한 번
왜 사느냐고 물으면
그 땐 거침없이 대답하리
이렇게 나 살아왔노라고.

등산

등산이 좋은 것은
정상에 올랐을 때 모든 게
내 발아래 있기 때문이 아니다.

등산이 좋은 것은
정상에 올랐을 때 비로소
고독을 알기 때문이 아니다.

등산이 좋은 것은
정상에 올랐을 때 그때야
겸손을 알기 때문이 아니다.

등산이 좋은 것은
정상에 올랐을 때 좀 더
하늘에 가까워지기 때문이 아니다.

등산이 좋은 것은
바로 그것 때문이다
도로 내려갈 수 있다는.

불면

오늘밤은 별스레
잠이 오질 않는다
이리저리 뒤척이다
어느새 자정이 넘었다
왜 이럴까
곰곰 생각해보니
아하, 그랬었구나
내가 오늘은 한 번도
하늘을 쳐다보지 않았구나
그래 베란다에 나가 늦게나마
밤하늘을 우러르다 그때 문득
난 보았다
하늘은 밤마다
저렇게 초롱초롱
뜬눈으로 지새우는 것을

무제

꽃이 핀다
참 아름답다.

꽃이 진다
더욱 아름답다.

해가 뜬다
참으로 장관이다.

해가 진다
더더욱 장관이다.

4

산은 산이요

내 친구 김 장로

내 친구 김 장로가
천국으로 이사 간 지도
어언 오 년이 넘었다.

그때 대학병원으로 문병 갔을 때
그는 내 손을 씻겨주었다.
예수님이 발을 씻기셨기에
자기는 손을 씻긴다며
내 손을 깨끗이 씻겨주었다.

그러던 그가 끝내
천국으로 떠나던 날
그의 영구 위에 두 손을 얹고
난 하염없이 눈물을 흘렸다.
그 사이 다시 더러워진
내 손이 미워서
울고 또 울었다.

어느 휴머니스트

나무가 봄에
새싹을 틔우는 것은
사람들에게 봄이 왔음을
알려주기 위함이다.

나무가 여름에
잎이 무성한 것은
사람들에게 시원한 그늘을
만들어주기 위함이다.

나무가 가을에
잎을 떨구는 것은
사람들이 더 이상 시원한 그늘을
원치 않기 때문이다.

나무가 겨울에
헐벗고 서 있는 것은
추운 날씨에 저처럼 떨지 말고
옷을 껴입으라며 사람들에게

일러주기 위함이다.

어느 휴머니스트는
이렇게 말했다.

판도라에게

아가씨여
판도라 아가씨여
이제 다시 그 상자를 열어라.
온갖 재앙이 쏟아지는 통에
기겁을 하고 닫아 버린 그 상자
이제 다시 활짝 열어 젖혀라.
희망이 남아 있으면 뭣 하나
그대의 상자 속에 갇힌 희망
그건 희망이 아니라 절망이다.
그러니 이제 그 상자 다시 열어
희망 없는 이 시대의 바다
미쳐 날뛰는 광란의 바다에다
어서 빨리 방생하라.
만약
악마가 열지 못하게 하거든
악마를 죽이고
제우스가 못 열게 하거들랑
제우스를 죽여서라도
아가씨여

판도라 아가씨여, 그대 이젠
그 상자 다시 열어 젖혀야만 한다.

새끼를 위하여

내 어릴 적 늦은 봄날에
고향마을 앞 등성에 소 먹이러 갔다가,
까투리 한 마리가 어딜 다쳤는지
나래를 퍼덕이고 절뚝이며
엎어지고 자빠지고 허겁지겁
저만치서 달아나는 걸 보고
난 웬 떡이냐며 달려가서
잡으려고 했다. 하지만 내가
얼추 백 미터쯤 헐떡이며 쫓아갔을 때
잡힐 듯 곧 잡힐 듯 하던 까투리는
푸드득 하늘로 박차 올랐다.
나중에야 알았지만 그건 나를 새끼들로부터 멀리 유인해 내기 위한
까투리의 속임수였다.

오늘은 내 진료실에
다릴 절룩이고 오른팔이 뒤틀린
중년남자가 와서 손을 내밀기에
천 원짜릴 한 장 주니

말없이 머릴 꾸벅하고는
절뚝이며 뒤뚱거리며 나가는데,
문 밖에 나서자마자 갑자기 멀쩡해져
발걸음도 힘차게 걸어가고 있었다.
아마 새끼 때문이겠지.

습진

습진환자들은 누구나 불평이다.
왜 자꾸 재발하느냐
뿌릴 왜 뽑아주지 않느냐고.
하지만 습진의 뿌리는, 환자들의
먼 먼 조상에까지 닿아 있어
내가 그걸 뽑을 재간도 없고
용뺄 재주도 없다.
그러니 습진이 도질 때마다
입이 닷 발이나 나올 게 아니라
그대들의 먼 조상을 생각하라.
잘 되면 그대 탓이고
못 되면 조상 탓하는
못난 후손을 위해
습진의 뿌리 그 비릿한 핏줄을
지금 그대들에게 멀리 멀리
뻗어 내리고 있는 그대 선조들의
그 아리고 시린 가슴을 기억하라.

평화

우리 아파트에도 비둘기가
떼 지어 날아다니고 있다.
평화가 날고 있다.

하지만 주차장의 차 위에다
무시로 똥을 갈기거나, 심지어 사람들의
머리에까지 떨어지는 통에
주민들은 질색을 한다.

평화는 좋은 것
누구나 바라는 것
그러나 공짜는 없는 법

머리에 똥을 뒤집어쓰고서야
비로소 누리게 되는
오 평화여!

삶

'삶'이란 글자 그거
찬찬히 뜯어보니
'사람'이데.
그러니 사람답지 않은 삶은
살아봤자
천 년 만 년 살아봤자, 그건 결코
삶이 아니라는 걸 알겠데.

만 원짜리 한 장

길에 떨어져 있는
만 원짜리 한 장이
나를 시험하고 있다.
못 본 체 그냥 지나치자니
왠지 손해 보는 것 같고
파출소에 신고하자니
액수가 너무 쩨쩨하고,
호주머니에 슬쩍 집어넣자니
점유이탈물 횡령죄가 되겠고,
아, 이깟 만 원짜리 한 장에 이 무슨 곤욕이란 말인가.
그래서 난 분연히
그 만 원짜릴 움켜쥐고
저만치 길가에 앉아 있는 앵벌이의 바구니에다 던져버렸다.
그제야 내 고뇌는 사라지고
오늘따라 그 앵벌이가
만 원짜리 속의 세종대왕보다
더 위대해 보였다.

침 뱉기

때론 내 얼굴에다
침을 뱉고 싶을 때가 있다.
허나, 남의 얼굴에만
뱉을 수 있을 뿐
내 얼굴엔 뱉을 수가 없다.
그렇다면 누워서 뱉으면 된다고
누가 말한다.
하지만 그건
그렇지가 않다.
왜냐하면
누워 침 뱉기니까.

번지점프

언제 끊어질지 모르는
한 가닥
목숨의 줄
그걸 태산같이 믿고
사람들은
저리도 신나게
출렁대고 있다
히히덕거리고 있다
지옥 위에서.

눈에 흙이 들어가기 전엔

돌개바람 불어
내 눈에 흙이 들어갔다.
눈이 아리고 개개어
한참이나 눈물을 흘렸다.
눈물을 흘리고 나서 비로소
난 알았다.
내 눈에 흙이 들어가기 전엔
결코 용서치 않으리라
다짐했던 그 사람
바로
나 자신이었음을.

유통기한

요즘
유통기한이 지난 식품을
폐기처분 않고
날짜만 살짝 바꿔
계속 유통시키고 있단다.
하지만 유통기한을 변조하는
신통한 재주를 가진 그 사람도
자기 자신의 유통기한은
어쩌지 못한다.
하느님이 떠억하니 붙여놓은
그 사람의 유통기한
날고 긴다 하는 그 사람도
결코 변조하지 못한다.
언젠가 유통기한이 끝나면, 그는
정확히 폐기처분될 것이다.

산은 산이요

산은 산이요
물은 물이다.
아니다
산은 물이요
물은 산이다.
그렇다
산은 산이 아니요
물은 물이 아니다.
그래서
산은 산이요
물은 물이다.

킬리만자로의 표범

킬리만자로
만년설이 덮인 그 정상에
표범의 시체가 있다.

정상을 정복했노라며
기고만장했던 알피니스트들이
하릴없이 다 내려가고 없는
그 곳에
표범의 시체 하나가 있다.

주검이 아니고는 아무도, 그 누구도
킬리만자로를 정복하지 못했기에
거기
그렇게 있다
표범의 시체가.

造花

다방엘 갔더니 자그마한 화분에
장미 몇 송이가 빨갛게 피어 있다.
조화를
생화 빰치게 만들어 놓는
사람들의 솜씨에 감탄하며
꽃잎을 살짝 만져봤다.
그 때 내 손끝에
하르르 전해오는
장미의 가녀린 떨림.
아, 그 장미는
조화가 아니라 생화였다.
수줍어 얼굴 빨개진.
미안하다 장미야
내가 어쩌다 이 지경이 됐는진
나도 잘 모르겠다.
장미야
정말 미안하다.

남재만 시집

꽃은 어디에 피는가

인쇄|2008년 9월 7일
발행|2008년 9월 12일

글쓴이|남재만
펴낸이|장호병
펴낸곳|북랜드
110-999 서울 종로구 신문로1가 오피시아 1406호
대표전화 (02) 732-4574 | (053) 252-9114
팩시밀리 (02) 734-4574 | (053) 252-9334

편집주간 — 곽홍렬
책임**편집** — 김인옥
영업 —— 최성진

등록일|1999년 11월 11일
등록번호|제 13-615 호
홈페이지|www.bookland.co.kr
이-메일|bookland@hanmail.net

ISBN 978-89-7787-465-7 03810

값 7,000 원